Michael Geitner/Corinna Lehmann

Geitners Dual-Kit

+ 30 Karten mit Parcours und Trainingstipps

Impressum

Einbandgestaltung: Kornelia Erlewein
Titelbild: Michael Geitner
Abbildungsnachweis Karten:
Grafiken Dual-Aktivierung und Hufschlagfiguren: Kerstin Diacont
Grafiken Bausteine Dressurreiten: Heike Bonk
Abbildungsnachweis Booklet: S. 5 oben, 17, 19: Cavallo,
S. 5 unten: Claudia Placzek, S. 27, 29, 30: Heike Bonk

ISBN 978-3-275-01846-8

Postfach 103743, 70032 Stuttgart
Ein Unternehmen der Paul Pietsch Verlage GmbH & Co. KG

6. Auflage 2026

Sie finden uns im Internet unter www.mueller-rueschlikon-verlag.de

Lektorat: Angela Saur
Innengestaltung: Kerstin Diacont
Druck und Bindung: Graspo CZ, 76302 Zlin
Printed in Czech Republic

Inhalt

Vorwort

Die Equitana 2009 war für meine Arbeit eine wahrlich große und wichtige Veranstaltung, wichtig vor allem für die Dual-Aktivierung, denn dort lernte ich Corinna Lehmann kennen und schätzen. Ihr außergewöhnliches Werk »Bausteine Dressurreiten« hat mich ebenso wie der Mensch Corinna Lehmann sehr beeindruckt. Doch noch zwei Jahre mussten vergehen, bis wir wieder auf dem gleichen Parkett die ersten gemeinsamen Auftritte hatten: Bausteine Dressurreiten trifft die Dual-Aktivierung.

Die Vorführungen waren ein voller Erfolg und wir arbeiteten von Anfang an hervorragend zusammen. Darauf folgte im Herbst ein gemeinsamer Lehrgang in der Mitte Deutschlands. Es wurde schnell klar: »Des passt scho« – mein mittlerweile weitläufig bekannter Spruch für »sehr gut«. Nach dem Lehrgang kristallisierte sich sehr schnell heraus: Lehmann/

Geitner bzw. Bausteine Dressurreiten und Dual-Aktivierung sind wie füreinander geschaffen. Diese Zusammenarbeit wird den Reitern und den Pferden eine große Hilfe sein, bringt oft kaum zu verstehende Zusammenhänge einfach auf den Punkt und kann von jedermann nachvollzogen bzw. geritten werden.

»Keep it simple – einfach halten« war von Anfang an mein Lehrgrundsatz. Dazu kam nun noch die Genauigkeit von Corinna Lehmann. Es formte sich ein neues Prinzip, das vor allem die klassischen Grundsätze der Ausbildung eines Pferdes für Sie in einem neuen nachvollziehbaren Licht erscheinen lässt.

An dieser Stelle möchte ich gerne meinen bereits verstorbenen Mentor Dr. Diether Pohlheim aus Wien zitieren: »Die Dual-Aktivierung ist die moderne Klassik – sie hat sich der alten und mehr als bewährten Übungen habhaft gemacht und sie einfach für alle nachvollziehbar dargestellt.« Lieber Diether, schade, dass du Corinna Lehmann nicht mehr kennenlernen durftest – sonst hättest du die Vollendung der Idee der Dual-Aktivierung sehen können.

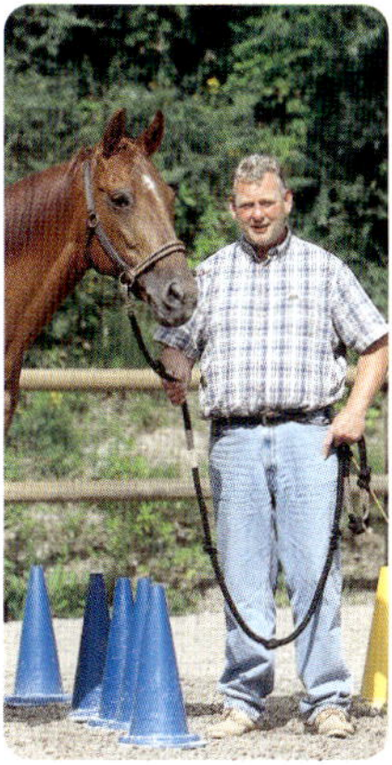

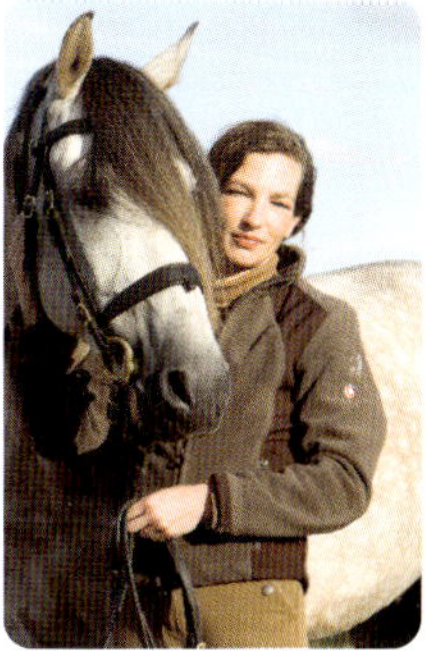

Ich wünsche Ihnen und Ihren Pferden viel Spaß und Freude mit unserem Dual-Kit und alles Gute für Ihren weiteren Weg.

Ihr Michael Geitner

I. Das Dual-Kit – Was finde ich auf den Karten?

Die gesamte Box enthält Ideen für Ihr Training **unter vier unterschiedlichen Schwerpunkten**:

1. Übungen aus der Dual-Aktivierung mit den blau/gelben Materialien

Die Vorderseiten der ersten 15 Karten bilden übersichtlich diverse Übungen aus der Dual-Aktivierung ab und zeigen auf einen Blick:

- Wie sieht der Trainingsvorschlag aus?
- Wie ist die Übung in der Bahn aufzubauen?
- Welche Linien sind zu reiten?

2. Tipps zur Hilfengebung für den Reiter

Auf der **Rückseite der Karten 1 bis 15** finden Sie entscheidende Elemente der klassischen Reitlehre, mit denen Sie Ihrem Pferd bei den Übungen mit Ihrer reiterlichen Einwirkung helfen können. Jede Karte zeigt Ihnen dazu eine schnell umsetzbare Idee, die besonders wichtig und effektiv für Ihre Gassen- und Kegelwege ist. Gleichzeitig bekommen Sie Hinweise zu den erfahrungsgemäß häufig vorkommenden Fehlern des Reiters bei der Hilfengebung und können die Tipps in »kleinen Häppchen« mit aufs Pferd nehmen.

3. Klassische Hufschlagfiguren – neu betrachtet

Die Karten 16 bis 30 bauen inhaltlich umgekehrt auf. Hier werden die klassischen Hufschlagfiguren zur Gymnastizierung unter die Lupe genommen. Jede Karte erklärt Ihnen nicht nur, wie die Hufschlagfigur

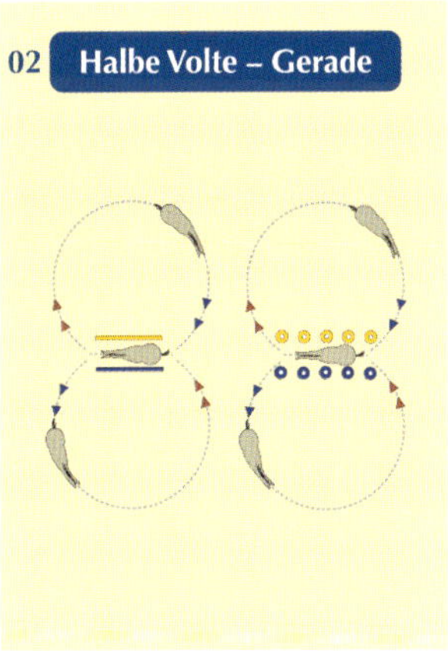

Vorderseite Karten 1 bis 15

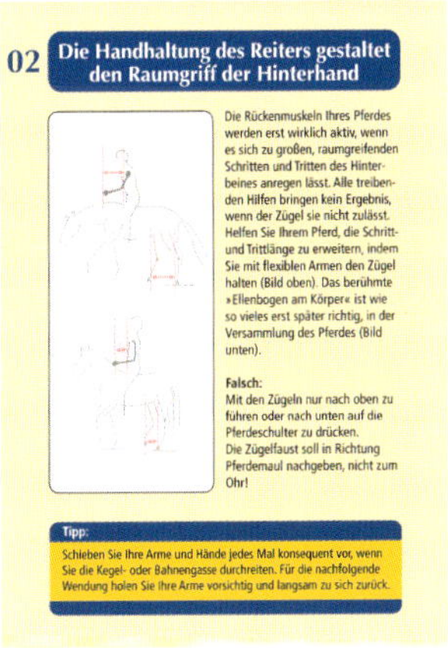

Rückseite Karten 1 bis 15

aussehen sollte, sondern versucht auch Sinn und Zweck der jeweiligen Figur zu erklären. Ebenso finden Sie dort die »Knackpunkte« dieser Dressurübungen, an denen zumeist die korrekte Linienführung scheitert. Diese Karten laden ein, die althergebrachten Trainingslinien besser zu verstehen und sie dann motivierter und effektiver umzusetzen.

4. Dual-Aktivierung für die klassischen Linien

Die Rückansicht der Karten 16 bis 30 macht Ihnen Vorschläge, wie man schnell und effektiv mit den Elementen der Dual-Aktivierung gezielt an den Figuren arbeiten kann. Hier steht der Gedanke der Dual-Aktivierung im Vordergrund, dass mit Hilfe der Materialien bewährte Dressurübungen sichtbar und nachvollziehbar gemacht werden.

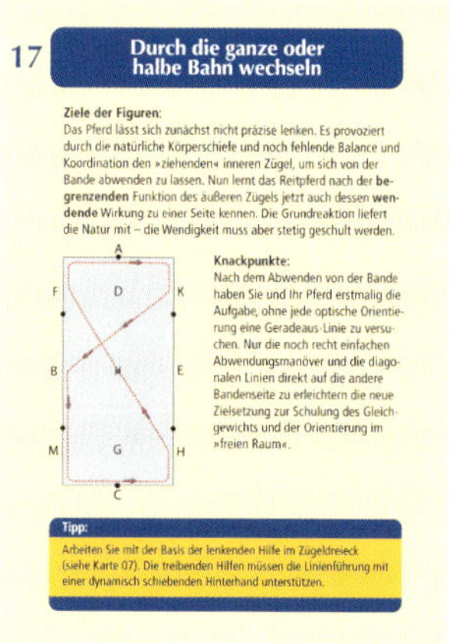

17 **Durch die ganze oder halbe Bahn wechseln**

Ziele der Figuren:
Das Pferd lässt sich zunächst nicht präzise lenken. Es provoziert durch die natürliche Körperschiefe und noch fehlende Balance und Koordination den »ziehenden« inneren Zügel, um sich von der Bande abwenden zu lassen. Nun lernt das Reitpferd nach der **begrenzenden** Funktion des äußeren Zügels jetzt auch dessen **wendende** Wirkung zu einer Seite kennen. Die Grundreaktion liefert die Natur mit – die Wendigkeit muss aber stetig geschult werden.

Knackpunkte:
Nach dem Abwenden von der Bande haben Sie und Ihr Pferd erstmalig die Aufgabe, ohne jede optische Orientierung eine Geradeaus-Linie zu versuchen. Nur die noch recht einfachen Abwendungsmanöver und die diagonalen Linien direkt auf die andere Bandenseite zu erleichtern die neue Zielsetzung zur Schulung des Gleichgewichts und der Orientierung im »freien Raum«.

Tipp:
Arbeiten Sie mit der Basis der lenkenden Hilfe im Zügeldreieck (siehe Karte 07). Die treibenden Hilfen müssen die Linienführung mit einer dynamisch schiebenden Hinterhand unterstützen.

Vorderseite Karten 16 bis 30

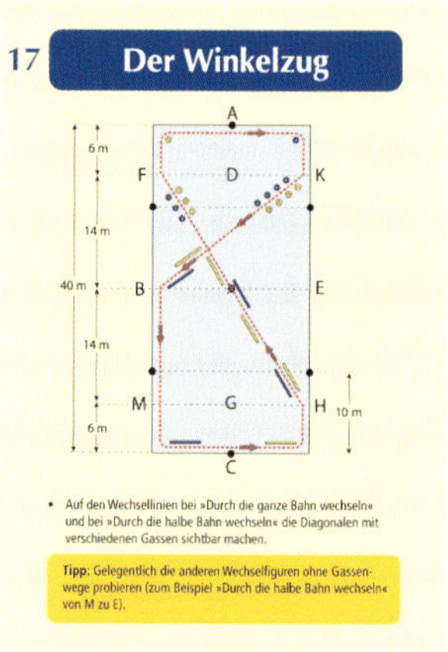

17 **Der Winkelzug**

- Auf den Wechsellinien bei »Durch die ganze Bahn wechseln« und bei »Durch die halbe Bahn wechseln« die Diagonalen mit verschiedenen Gassen sichtbar machen.

Tipp: Gelegentlich die anderen Wechselfiguren ohne Gassenwege probieren (zum Beispiel »Durch die halbe Bahn wechseln« von M zu E).

Rückseite Karten 16 bis 30

II. Wie wende ich die Karten praktisch an?

1. »Von einfach bis schwer« – Karte für Karte aufbauen und lernen

Das gesamte Kartenset ist systematisch von leicht nach schwer aufgebaut und führt Sie von den einfachsten Grundlagen bis hin zu anspruchsvollen Trainingsvorschlägen. Auf den ersten Karten können Sie sich mit den Grundelementen der Dual-Aktivierung vertraut machen, sich dann diverse Aufbauübungen vornehmen und schließlich die Parcours mit verschiedenen Elementen und Aufgaben versuchen. Die Hilfengebungstipps sind für Sie logisch als Bausteine sortiert – der eine dient als Fundament für den nächsten.

Dieses Prinzip wiederholt sich bei den Hufschlagfiguren und möchte Ihnen einen erfolgreichen Aufbau für die Gymnastizierung in Linien an die Hand geben. Entsprechend reihen sich die Wegeaufgaben mit Hilfe der blau-gelben Elemente in dieses System ein.

2. »Bestimmte Ziele verwirklichen« – Trainingsvorschläge nach individuellen Plänen

Die Zusammenstellung ermöglicht es Ihnen auch, bestimmte Ziele zu verfolgen, die Ihnen gerade besonders wichtig sind. Zum Beispiel, sich einen runden Zirkel zu erarbeiten oder die Stellung Ihres Pferdes im Genick zu verbessern. Suchen Sie sich einfach die Ihrem Thema entsprechende Karte heraus. Und falls es dabei Schwierigkeiten gibt – nehmen Sie die vorhergehende Karte oder gehen Sie in der Kartenabfolge soweit zurück, bis Sie Ihren individuellen »Knackpunkt« gefunden haben.

3. »Besser werden Schritt für Schritt« – Kombinationsmöglichkeiten der Karten

In Kombination bilden die Karten einen fast unerschöpflichen Fundus zum Reitenlernen und gleichzeitig zur Gymnastizierung Ihres Pferdes. So können Sie in jeder Dual-Aktivierungsübung mehrere Tipps zur Hilfengebung aus verschiedenen Karten anwenden. Ebenso lassen sich ganz bestimmte Schwerpunkte der reiterlichen Verbesserung in jedem Dual-Aktivierungsvorschlag verwirklichen. Oder Sie bauen Hilfestellungen zu Hufschlagfiguren in Ihren persönlichen Dual-Aktivierungsparcours ein.

III. Wichtige Hinweise für Schritt, Trab und Galopp

Für alle vorgeschlagenen Übungen gilt zunächst das Grundprinzip: **Im Schritt erarbeiten – danach im Trab probieren.**
Für die Dual-Aktivierung ist der Galopp nicht zwingend erforderlich – anders als in einer Dressuraufgabe im Sport oder beim herkömmlichen Dressurreiten. Sehr fortgeschrittene Paare finden sicher auch Gelegenheit, in Übungen der Dual-Aktivierung zu galoppieren oder Galopp-Trab-Übergänge einzubauen. **Doch der Erfolg eines dressurmäßig wertvollen Galopps liegt in der Basisarbeit im Schritt und Trab.** Besonders im Schritt gelingt es Pferd und Reiter oft am gründlichsten, die erforderliche Koordination zu verinnerlichen. Dieses Lernen der Grundprinzipien ist wichtiger als (fehlgeschlagene) Galoppversuche!

IV. Wissenswertes & Hintergründe zur Dual-Aktivierung

1. Was ist eigentlich Dual-Aktivierung und was bewirkt sie?

1.1 Dual-Aktivierung – Training des Gehirns

Das Duo, das Duett, das Duell – im Sprachgebrauch findet sich oft das Wort »dual«, das stets »zwei im Paar« ausdrücken möchte. Doch was wird nun bei der Dual-Aktivierung genau paarweise aktiviert? Die Materialien in Blau/Gelb wirken auf beide Augen des Pferdes. Diese optischen Reize aktivieren in besonderer Weise die beiden Gehirnhälften, und zwar beide **gleichermaßen mit denselben Reizen.** Das ist für ein Pferd nicht selbstverständlich, denn die Natur hat wie in vielen Dingen unser »Reitpferd« zunächst nur als erfolgreiches Fluchttier ausgestattet. Die Dual-Aktivierung knüpft dabei an der Tatsache der **monokularen Sehweise des Pferdes** an (mono = einzeln): Die Augen liegen relativ weit auseinander mit der Folge, dass ein Pferd vorrangig mit einem Auge bestimmte Dinge wahrnehmen und darauf reagieren kann, das andere Auge hat andere Aufgaben!

Über die Sichtweise trennt sich unser Pferd im Grunde in zwei Hälften: Die eine Seite mit diesem Auge ist für die Fixierung und Einschätzung eines Gegenstandes zuständig (»Ist dieser Kegel ein Puma?«). Das andere Auge hält sich derweil den Fluchtweg in die Weite frei (»Freie Bahn schräg rechts – nach 20 Metern Haken schlagen um den Apfelbaum.«). Nun erfolgt die Abspeicherung des Gesehenen in den zwei Gehirnhälften, die aber beim Pferd leider nur schlecht miteinander kommunizieren können. **Deshalb muss ein gutes Reitpferd »zweimal ausgebildet« werden: Einmal** über die Sicht des Sicherheitsauges: »Kegel mit linkem Auge gesehen – hat nicht angegriffen – Kegel ungefährlich.« Diese Erkenntnis wird in der rechten Gehirnhälfte abrufbar abgespeichert, Ihr Pferd hat mit und über das linke Auge etwas gelernt. Dieser Vorgang wiederholt sich nun ein **zweites Mal** über das Fluchtauge – denn was das Pferd mit diesem Auge noch nie gesehen hat, kennt es nicht. Es findet in der linken Gehirnhälfte kein Erfahrungsbild dazu und muss es wiederholend auch dort abspeichern.

Im Umgang und in der Erziehung unserer Pferdes gehen wir dauernd mit dieser Tatsache um – man zeigt einem Pferd immer alles von beiden Seiten oder gibt ihm die Möglichkeit, die »Gefahr« in das Blickfeld zu holen, in dem es ausnahmsweise mit beiden Augen scharf sehen kann (kleiner Sichtkegel frontal vor dem Pferd). Das kostet oft viel Zeit, Nerven und doppelte Arbeit, bis ein Pferd auf beiden Seiten in jeder Situation gleichmäßig sicher ist.

In den Übungen der Dual-Aktivierung wird das Pferd stetig und gleichmäßig mit optischen Reizen von rechts und links konfrontiert. Diese wechselseitigen Reize sprechen das Gehirn rechts und links gleichmäßig an und fördern die Aktivität, die Vernetzung und den Austausch zwischen den Gehirnhälften. **Das Ergebnis: Ihr Pferd lernt schneller!**

1.2 Dual-Aktivierung – Anregung zum Einsatz der Tiefenmuskulatur

Über die verstärkte Ansprache von Auge und Gehirn setzen sich nun auch weitere Abläufe im Pferdekörper in Gang. Mit Wärmebildkameras wurde nachgewiesen, dass die Gehirnreize mit Blau/Gelb einen besseren Einsatz der gesamten Muskulatur bewirken.

Anstrengung mit falscher oder verkrampfter Muskulatur führt schon nach kurzer Trainingszeit zum übermäßigen Schwitzen des Pferdes, oft punktuell an Hals und Vorhand. Solche Pferde sind dann schnell erschöpft, weil Bewegung mit festgehaltenen Muskeln viel Kraft und Atem kostet.

Die positive Muskelarbeit beim Dressurreiten hingegen zeigt sich an dem über den ganzen Körper dampfenden Pferd, das aber nicht klatschnass ist. (»Dampfross-Effekt«) Dieses intelligente Körpertraining führt dann zu effektivem Muskelwachstum und gleichzeitig zu deutlich verbesserter Kondition.

1.3 Dual-Aktivierung – Effektives Training als Anti-Stress-Programm

Leider bringt unser Reitpferd kein besonders gut ausgeprägtes Körperbewusstsein mit. Jeder kennt das: Ungeschulte Pferde ecken in schmalen Durchgängen oder kleinen Boxen oft an. Beim Führen eines Pferdes muss der Mensch stets gewissenhaft und routiniert einen »Wendekreis« mit einberechnen. Diese Kleinigkeiten im Alltag rühren daher, dass Pferde ihre eigene Länge und Breite (noch) nicht einschätzen können.

Insbesondere die Hinterhand ist als »Fluchtwerkzeug« angelegt und muss nur in Gefahrensituationen reflexartig funktionieren. Was man wenig braucht, ist aber auch wenig geschult in Sachen Koordination und Balance. Ein Pferd lebt also mit der Urangst, auszurutschen oder hinzufallen, denn im Ernstfall kann das den sicheren Tod auf der Flucht vor dem Jäger bedeuten. **In der freien Wildbahn helfen diese Instinkte zum Überleben, in der Reitbahn sind es Stressfaktoren für Pferd und Reiter.**

Die Übungen der Dual-Aktivierung verlangen nun dauernd in Wendungen das Belasten und Umlasten auf der Hinterhand, feilen an der Kurventechnik und fördern nach und nach die Trittsicherheit und Koordination »in jeder Lebenslage«. Diese Art von Balanceschulung macht das Pferd körperlich, aber genauso psychisch selbstbewusster. Die körperliche Sicherheit vermindert damit Angst und Panik vor dem Sturz und verdrängt die ständige Unsicherheit durch mangelndes Körperbewusstsein.

1.4 Dual-Aktivierung – Schule für Konzentration und Lernen

Wenn wir uns ein Pferd wünschen, das mit dem Kopf dabei ist und positiv mitdenkt, dann muss es sich konzentrieren können. **Konzentration lässt sich definieren als Aufnahmefähigkeit plus Verarbeitung = nachhaltiger Lerneffekt.**

Diese Faktoren können wir als Mensch leicht nachvollziehen: Bei fremden und neuen Aufgaben sind wir schnell »voll«, können nichts mehr an Informationen bewusst aufnehmen, können uns nicht mehr auf diese Sache **konzentrieren**. Und wirklich **gelernt** haben wir nur dann etwas, wenn wir aufgenommene Informationen so **verarbeitet und verinnerlicht** haben, dass wir sie wieder abrufen können. Die schönsten Inputs helfen uns nichts, wenn wir uns nicht **erinnern** können und nicht in der Lage sind, sie wiederzugeben und anzuwenden!

Die Dual-Aktivierung mit ihren Rechts-/Links-Reizen spornt das Gehirn zu höherer Leistung an – die Aufnahmefähigkeit verbessert sich und die Verarbeitung in den Gehirnhälften wird gefördert.

Bestimmte optische Reize von rechts und links werden auch in der **EMDR-Therapie für Menschen** längst erfolgreich eingesetzt: Bei schwerwiegenden, schrecklichen Erlebnissen (Traumata) bleiben diese in einem Übergangsspeicher des Gehirns (Mandelkern) stecken und werden zur Verarbeitung schlicht nicht weitergeleitet. Der traumatisierte Mensch kann sich an die Erlebnisse kaum bewusst erinnern, nicht mit ihnen umgehen und schon gar nicht darüber sprechen. Hier können banale optische Reize die Blockade auflösen und die Weiterleitung im Gehirn wieder in Gang bringen!

Eine gute Konzentration auf einen bestimmten Bewegungsablauf bringt auch die körperliche Leistungsfähigkeit auf den Punkt. Sehr bekannt in diesem Zusammenhang ist das mentale Training vor der körperlichen Aktion: Ein erfolgreicher Sportler durchdenkt konzentriert schwierige und schnelle Abläufe. Eine Konzentration vor der Ausführung ist das entscheidende Element vieler asiatischer (Kampf-)Sportarten.

Wenn Ihr Reitpferd gut konzentriert bestimmte Schritte und Tritte in den Übungen wiederholt ausführt, dann lernt es sie abrufbar und nachhaltig immer wieder anzuwenden – die nächste Kurve klappt auf Anhieb!

1.5 Dual-Aktivierung – Komfort für den Reiter

Von alters her galt der Grundsatz: Unerfahrene Reiter auf ausgebildete Pferde – nur Könner auf unerfahrene Pferde. Doch die alten Strukturen einer organisierten Kavallerieschule sind heutzutage nicht mehr umsetzbar – fast jeder Reiter gleich welchen Ausbildungsstandes muss sein Pferd selber fördern und verbessern. Und das ist gar nicht so leicht, wenn man als Reiter mit fehlender Routine und eigenen Schwächen zu kämpfen hat!

Dualaktivierte Pferde kommen ihrem Reiter stark entgegen: Ausbalancierte und koordinierte Pferde sind leichter mit feinen Hilfen zu dirigieren. Mit innerlich ausgeglichenen Pferden braucht man sich nicht

mit allen Tücken des Fluchttieres auseinanderzusetzen. Und ein konzentriert mitarbeitendes Pferd macht einfach mehr Spaß.
In vielen Situationen während der Übungen kann der Reiter tatsächlich auch von seinem Pferd lernen. Es ist sehr schwierig, zum Beispiel eine biegende Hilfe zu geben, wenn man als Reiter keine Vorstellung hat, wie sich das anfühlen sollte, wenn es klappt. Biegt sich Ihr Pferd korrekt durch die Wegemarkierung, bekommen Sie Hilfe!

1.6 Dual-Aktivierung – Planvolles Training mit pferdegerechter Zielsetzung

Die Dual-Aktivierung bietet insgesamt nicht nur eine Denkschule für das Pferd mit allen positiven Folgen für den Reiter. Pferdegerecht reiten bedeutet auch, den muskulären Aufbau unseres Pferdes stets im Auge zu behalten, um aus dem Fluchttier mit vielen körperlichen Schwächen ein gesundes Reitpferd zu formen.
Beim gewissenhaften Dressurreiten dreht sich sehr viel auch um Sport und Trainingslehre, mit der Sie Ihr Pferd gezielt aufbauen und fördern. **Auch hier hilft Ihnen das Trainingssystem der Dual-Aktivierung mit konkreten inhaltlichen und zeitlichen Vorgaben.**

Oft missachtet, aber hier notwendig: Schon beim Aufbau der Materialien für eine Trainingseinheit machen Sie sich vorher zwangsläufig einen **Plan, was Sie an diesem Tag zielgerichtet üben möchten**. Natürlich ist es wesentlich bequemer, einfach aufzusitzen und irgendwie loszureiten – aber oft genug stellen sich die gewünschten Erfolge dann auch nicht ein. Lassen Sie sich zu Gunsten Ihres Pferdes von den Karten zu einem konkreten Vorhaben inspirieren, und verfolgen Sie so regelmäßig einen Leitfaden. **Gute Planung ist der halbe Erfolg!** Schwierig trotz guten Willens ist oft auch die Gratwanderung zwischen Fördern und Überfordern. Jede sportliche Förderung beinhaltet dosierten Kraftaufbau und Konditionstraining. Auch hierbei kann jeder Reiter Nutzen aus konkreten zeitlichen Vorgaben ziehen, denn »einfach mal ein bisschen länger reiten« ist kein Ausdauertraining!

In den Übungen der Dual-Aktivierung reiten wir maximal 6 Einheiten à 3 Min. und machen 1 Min. Pause nach jeder Einheit.

Das Reiten in mehreren Phasen basiert auf dem Intervalltraining jeder Sportlehre zur Verbesserung der Kondition (= Durchhaltevermögen ohne schädliche Erschöpfung).

I:	**3 Min. aktive Schrittarbeit**	**II:**	**1 Min. Pause**
III:	**3 Min. aktive Schrittarbeit**	**IV:**	**1 Min. Pause**
V:	**3 Min. aktive Trabarbeit**	**VI:**	**1 Min. Pause**
VII:	**3 Min. aktive Trabarbeit**	**VIII:**	**1 Min. Pause**
IX:	**3 Min. aktive Trabarbeit**	**X:**	**1 Min. Pause**
XI:	**3 Min. aktive Trabarbeit**	**XII:**	**1 Min. Pause/Übungsende**

Wichtig dabei: Die aktiven Phasen beginnen jeweils locker, aber sofort konzentriert. Ziel dieser Phasen: Ihr Pferd soll die Übungen dynamisch und kraftvoll aus der Hinterhand bewältigen. Lassen Sie es nicht nachlässig und unkonzentriert »herumschlurfen«!

In den Erholungspausen passiert tatsächlich nichts – werden Sie passiv, hören Sie auf zu treiben. Gönnen Sie Ihrem Pferd für Kopf und Körper eine Pause. Lassen Sie es im Schlendertempo weitergehen oder wählen Sie den Equiplace als Ruheort. Michael Geitner und Alexandra Schmid haben das Equiplace-Training zusammen mit Dessurausbilder Eberhardt Weiß kreiert. Das Pferd wird an einen bestimmten Platz gewöhnt, ähnlich wie in der Löwendressur, an dem es Ruhe hat, den Equiplace! Das kann zum Beispiel eine optische Begrenzung aus vier weißen Schaumstoffbalken sein.

Im letzten Finale soll Ihr Pferd auch psychologisch zu Höchstleistungen gebracht werden. Wenn Sie das Zeitsystem wiederholt anwenden, weiß Ihr Pferd, dass nach diesen letzten Final-Minuten Schluss sein wird.

Daher wird es von sich aus an die letzten Kraftreserven gehen. Diese können Sie nie herauskitzeln, wenn Ihr Pferd für alle Eventualitäten im »Öko-Gang« bleibt.

Achtung! Wenden Sie das Zeitsystem nicht auf Gedeih und Verderb an, wenn Sie Anzeichen deutlicher Erschöpfung bemerken. Diese sind meistens:

- Wiederholtes Stolpern, obwohl die Übungen erst gut bewältigt worden sind
- Deutlich taktunreiner Gang ohne Rhythmus
- Häufiges Abschnauben in kurzen Stößen, ohne den Kopf entspannt zu senken
- Im Hals verdrehtes Laufen/sehr unruhiger Kopf

2. Warum werden speziell die Farben Blau und Gelb verwendet? Könnte auch buntes Material generell dieselben Ergebnisse bringen?

Die Dual-Aktivierung basiert auch auf den optischen Reizen, die die Gehirnhälften des Pferdes »auf Trab bringen«. Diese besonderen Auslöser für eine vermehrte Gehirnaktivität können aber nur dann wirken, wenn sie dem Pferd im wahrsten Sinne des Wortes ins Auge stechen.

In der praktischen Arbeit mit dem Pferd ist schon auffällig, dass sie bei leuchtenden Signalfarben gar nicht wie für ein Fluchttier naheliegend reagieren, dafür aber eher unerwartet bei für uns Menschen unauffälligen Blautönen.

Die Auswahl der Farben erklärt sich in den Ergebnissen aus mehreren **wissenschaftlichen Untersuchungen zum Sehvermögen des Pferdes**. Der Tierforscher Dr. Grizmek kam als früher Vorreiter zum Ergebnis, dass zumindest die Farbe Gelb für das Pferd besonders gut zu sehen ist. Mitte der 90er Jahre konnten die Farbtöne Blau und Gelb genauer herauskristallisiert werden. Schließlich kann man sich seit 2001 auf Untersuchungsergebnisse mit modernen Möglichkeiten stützen, **dass Pferde insgesamt »Grauseher« sind und nur zwei bestimmte Farben ähnlich wie der Mensch als solche erkennen, nämlich Blau und Gelb.**

3. Warum werden bei der Dual-Aktivierung Schaumstoffbahnen (»Dual-Gassen«) und Pylonen verwendet anstatt herkömmliches Hindernismaterial?

Die zunächst aufwendige Materialbeschaffung für die Dual-Aktivierung zahlt sich letztlich aus:

3.1 Sicherheit geht vor!

In den Übungen der Dual-Aktivierung wird überwiegend durch Gassen geritten, die für effektive Ergebnisse auch zu sehr schmalen Durchgängen für das Pferd werden. In den Wendetechniken gibt es dauernd Ecken und Kanten, die geschickt umgangen werden sollen. **Mit herkömmlichen Holzstangen könnte jederzeit ein Fehltritt das gesundheitliche Aus bedeuten.** Arbeitet man in übervorsichtigen Abständen mit Stangen, werden die erwünschten Ergebnisse nur ansatzweise trainiert werden.

Lernen durch Schmerz und Angst des Pferdes beim seitlichen Treten gegen unnachgiebiges Material ist absolut abzulehnen! Schulen Sie Ihr Pferd durch Lob, wenn es die richtigen Schritte geschafft hat!

3.2 Wahrnehmung und Lernen erleichtern

Die sehr breiten und langen Schaumstoffbahnen sind für das Pferd wesentlich besser einzuschätzen und bieten für die Wahrnehmung mehr Substanz als schmale Holzstangen. Die flexible Füllung lässt auch gerundetes Auslegen zu (»geformte Stange«). Die höheren Pylonen stellen zusätzlich an die Wendetechnik nochmals andere Herausforderungen als reine Bodenutensilien.

3.3 Schnelligkeit fördern

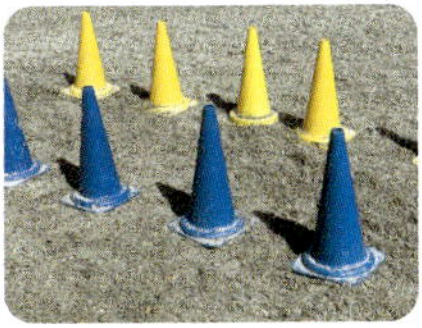

Natürlich können Sie mit den weichen Materialien gefahrlos risikoreich reiten. Schnelle Reaktion und enge Wege können zum passenden Trainingszeitpunkt das Pferd weiter fördern. Wenn Sie sich einmal zu viel vorgenommen haben: Ihr Pferd wird es jederzeit ohne Angst wieder versuchen!

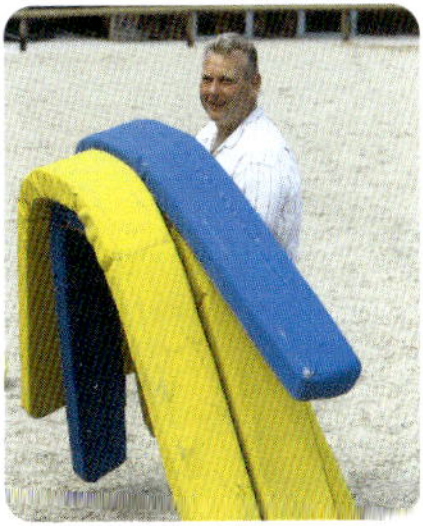

3.4 Bequemer Aufbau und Lagerung

Last but not least für das tägliche Leben: Wenn Sie regelmäßig die Dual-Aktivierung trainieren möchten, haben Sie es mit den Schaumstoffbahnen einfach viel leichter. Sie lassen sich sogar halbieren und damit gut transportieren. Und wo auch immer Sie das Material lagern wollen/können: Ein großes Gewicht steht Ihnen nicht im Weg.

V. Dual-Aktivierung und klassische Dressur – Anmerkungen von Corinna Lehmann

1. Klassische Reitprinzipien verwirklichen

Vom Altertum bis in die heutige Zeit haben sich Grundsätze zum (Dressur-)Reiten entwickelt, die sich seit Jahrhunderten als richtig herausgestellt haben und richtig bleiben. »Richtig« bedeutet in diesem Sinne, dass wir unser Pferd zu unseren Reitzwecken und Zielen nutzen, dabei aber die pferdegerechte und verständnisvolle Ausbildung unseres Partners nie aus den Augen verlieren. **Dabei hat jeder Reiter sowohl die**

notwendige körperliche Fitness des Reittieres als auch die psychische Entwicklung des Fluchttieres in seiner Verantwortung.
Allzu gern möchte man nun alles richtig machen – doch die oft schwierig zu verstehenden Ausbildungsprinzipien wie die Skala der Ausbildung schweben wie nebulöse Wolken am Horizont, die man ehrfurchtsvoll betrachtet, aber nicht auf die Erde (sprich: aufs Pferd) holen kann. Und so mancher Reiter gibt diesen Blick »zum Himmel« irgendwann resigniert auf und macht einfach das, was alle so machen oder wie verschiedene Reitlehrer die Reitlehre interpretieren.
Doch es gibt einfach anzuwendende Übersetzungen der klassischen Prinzipien für jedermann! Und alles beginnt schlichtweg in den soliden Grundlagen: Die Wege und Wendungen der Dual-Aktivierung durchzieht wie ein roter Faden der Klassiker »Reite dein Pferd vorwärts und richte es gerade« (Gustav Steinbrecht in: »Gymnasium des Pferdes«).
Immer wieder wird das Hinterbein unseres Pferdes in das **Vorwärts** geschickt und dabei fast gleichzeitig die Vorhand zum Wendemanöver nach rechts oder links angeleitet (= **Geraderichten**).
Besonders effektiv in der praktischen Anwendung ist dabei das stetige Wechselspiel von kurzer Strecke geradeaus mit anschließender Kurve. Sie finden das beispielsweise in der Übung »Halbe-Volte-Gerade« par excellence wieder.
Auch schulen diese Übungen die Koordination des Pferdes **ausgehend von der Hinterhand** in Schubkraft und Balance. Das verwirklicht sehr einfach den immer geltenden Grundsatz: **»Reite dein Pferd von hinten nach vorne.«**

In einer Reitstunde übte ich mit Pferd und Reiter einmal das »Kleeblatt/Kreuz« in Blau/Gelb. Anwesend war dort auch ein angesehener Turnierrichter und ich war etwas unsicher, was dieser wohl von »solchen Übungen« denken mochte. Und mit folgender Bemerkung hätte ich nicht gerechnet: »Diese Übung haben wir schon 1970 in der deutschen

Reitschule viel trainiert – die ist wirklich gut, damit die Pferde reell von hinten kommen.«
Natürlich macht erst eine effektive Hilfengebung des Reiters die Anleitung des Pferdes durch die Wege-Übungen richtig gut. Hier können Sie sich angespornt fühlen, nicht alles allein der Dual-Aktivierung zu überlassen. Diese macht Ihr Pferd ohnehin besser – stören Sie die Ergebnisse nicht durch sehr unbeholfenes Reiten, und perfektionieren Sie alles durch Ihre reiterlichen Verbesserungen.

2. Weisheiten für die Psyche des Pferdes

Zu körperlicher Fitness kann unser Reitpferd eigentlich nur kommen, wenn es mit allen Muskeln locker und engagiert arbeiten möchte (im Fachjargon »Losgelassenheit« genannt). Leider können Muskeln auch falsch und verkrampft eingesetzt und regelrecht missbraucht werden. Dieses negative Ergebnis stellt sich nicht nur ein durch zu dominante Einwirkung des Reiters mit falsch verstandener Ausbildung. In meiner Jugend durfte ich im Rahmen einer FN-Reitabzeichenprüfung noch den Satz zur Ausbildungsskala auswendig lernen: **»Die psychische Losgelassenheit geht der physischen voraus.«** Erklärt wurde diese Weisheit damit, dass man sein Pferd im Umgang und unter dem Sattel nicht unnötig stressen soll.
Heute würde ich sagen, es ist viel mehr nötig als das Weglassen von Stressaktionen. Ein Pferd bringt dann zwanglose Höchstleistungen, wenn es sich auf die Arbeit freut, Lust auf die eigene Bewegung hat, sich vom Reiter gerne Aufgaben stellen lässt und sich unter dem Sattel einfach wohl und gut aufgehoben fühlt.
Die körperliche Anstrengung leistet ein Pferd von sich aus, wenn die Arbeit eine angenehme und spannende Unterbrechung des Alltags bedeutet (und nicht nur die Stunde darstellt, die ein Pferd erträgt, weil es die anderen 23 Stunden gibt). Das, was ein Reiter manch-

mal unter »in Ruhe reiten« versteht, kann auch häufig Langeweile für das Pferd bedeuten!

Natürlich ist die Ausgeglichenheit unseres Pferdes wesentlich von seiner annähernd pferdegerechten Haltung abhängig und überhaupt von vielen Faktoren im täglichen Pferdeleben. Und ganz sicher haben wir es immer mit unterschiedlichen Pferdecharakteren zu tun (fleißig, fauler, aufgeschlossen, mit schlechten Erfahrungen und, und, und). Hier möchte ich Ihnen nur einmal darstellen, wie eine Trainingseinheit unter dem Blickpunkt der Psyche unseres Pferdes stehen kann.

»Nicht abrichten, sondern ausbilden!« Auch diese Leitlinie für den Reiter beinhaltet viele psychische Aspekte des Pferdes: Wird es auf bestimmte Bewegungsabläufe nur »dressiert«, dann wird es diese nie verinnerlichen und den bewussten Umgang mit dem Körper nicht lernen können. Das Ergebnis sind dann oft Reitpferde, die manches Mal ihre Aufgabe ganz gut erledigen, aber genauso unvermutet aus der Arbeit aussteigen oder sogar förmlich »explodieren«. Wie gesagt gibt es immer mehrere Faktoren, die zu unerwünschten Verhaltensweisen des Reitpferdes führen können. Aber ganz sicher kommt es immer wieder zu sehr unsteten Leistungen, wenn das Pferd in der Dressur nicht zum Mitdenken angeregt wird, im Kopf nicht dabei sein soll oder darf.

Alles wird einfacher mit einem schlichten Ziel: Holen Sie Ihr Pferd auf Ihre Seite. Auch dafür leisten die Übungen der Dual-Aktivierung einen großen Beitrag, in dem sie gezielt auch die Gehirntätigkeit anspricht und Bewegungsabläufe wirklich gelernt werden mit Anleitung und Verarbeitung.

Schlechter Dressurarbeit unter Stress wollte man schon immer entgegenwirken mit dem Maßstab: **»Ein gut gearbeitetes Dressurpferd schwitzt nicht.«** Gemeint ist damit nicht, das Pferd immer zu unterfordern und nie Anstrengung zu verlangen. Es bedeutet auch nicht, dass der nasse Körper in hohen Spitzenleistungen wie beispielsweise im Rennsport oder in schweren Vielseitigkeitsprüfungen für das trainierte

Pferd eine Zumutung wäre. Die Rede ist von einer wohlverstandenen Dressurgymnastik. Ein dabei in Körper und Geist losgelassen arbeitendes Pferd wird warm durch die Bewegung und dampft bei größerem Krafteinsatz in den Lektionen über den ganzen Körper. Wenn ihm aber das Wasser herunter läuft, wurde meistens psychisch oder körperlich fehlerhaft gearbeitet.
Die Dual-Aktivierung ist eine hervorragende Möglichkeit, planvolles Training mit pferdegerechten Zielen und positiven körperlichen wie auch psychischen Anforderungen praktisch zu gestalten.

3. Ausbildung über das Auge – eine neue Idee?

Das Reiten mit blauen und gelben optischen Reizen als Hilfe zur Ausbildung des Pferdes scheint auf den ersten, flüchtigen Blick ein ganz neuer Ansatz zu sein, der seiner Zeit und dem üblichen Dressurreiten möglicherweise noch weit voraus ist. Doch eine Ausbildung des Reitpferdes auch über das Auge findet sich bei genauerem Hinsehen in vielen Sparten der Reiterei wieder.
Zu früheren Zeiten war das Ausbildungsziel das so genannte »Gebrauchspferd«, das in Ausgeglichenheit und rittiger Routine möglichst vielseitig für die Reitwünsche einsetzbar war.
Die Schulung eines solchen »praktischen« Pferdes für jedermann beinhaltete das Dressurtraining, aber genauso selbstverständlich das Reiten im Gelände mit allen natürlichen Außenreizen für das Auge, von rechts und links, von hinten und von unten, zum Beispiel durch verschiedene Bodenverhältnisse. Auch das Springen über Hindernisse unter dem Sattel war ein fester Bestandteil auf dem Weg zum rittigen und braven Pferd, sei es zwangsläufig im Gelände mit den dort vorkommenden Natursprüngen oder auch mit künstlichen, bunten Hindernissen. Selbst wenn das jeweilige Pferd kein besonderes Talent zum Springen zeigte, wurden dennoch wenigstens die Gehorsamssprünge gefordert.

Oberflächlich gesehen wurde ein Pferd also an alles gewöhnt, um aus dem unsicheren Fluchttier ein zuverlässiges Reitpferd zu machen. Ein tieferer Blick lässt erkennen, dass es bei dieser vielseitigen Methode auch **um Wahrnehmungen des Auges ging, die das Pferd einzuschätzen und zu verarbeiten hatte**, um nicht einfach ein stets fluchtbereites Beutetier zu bleiben.

Die **Arbeitsreitweisen vieler Länder** waren von Pferden abhängig, die sich einerseits zuverlässig reiten und dirigieren ließen und andererseits ein »schnelles Auge« mit flinken Reaktionen in der Arbeit mit den Viehherden entwickelten.

Im Springsport haben wir es nach wie vor nicht nur mit dem Auge des Reiters zu tun, sondern müssen zum großen Teil auf die Sehschulung des Pferdes achten. Über einen längeren Zeitraum geht es überhaupt nicht darum, abenteuerliche Höhen zu überwinden, sondern die vielseitige Einschätzung und Taxierung eines Hindernisses zu trainieren. Optisch und technisch sind Steilsprünge, Oxer in Varianten und Wassergräben für ein Pferd ganz unterschiedliche Anforderungen. Auch unterschiedlich wirkendes Material muss das Pferd sprungentscheidend optisch anvisieren können, so Stangen, Mauersteine oder Planken in Wellenform. Dazu kommt im Springparcours noch die schnelle Abfolge wechselnder Sprünge mit bestimmten Wegestrecken und bunter Farbigkeit.

Während einäugige oder sogar blinde Pferde noch dressurmäßig geritten werden können, ist fehlendes Sehvermögen für bestimmte Aufgaben einfach nicht denkbar. Eine Spezialisierung auf »Dressur pur« ohne optische Reize kann dem Dressurreiter zum Verhängnis werden, wenn er die heimische Reithalle verlässt und zum Beispiel ein Turnier bestreiten möchte. Genauso ist jeder Reiter betroffen, der sein Pferd möglichst von allen Außenreizen fernhalten will, weil es zunächst so am besten klappt. Doch wenn Sie den Blick über den Tellerrand nicht wagen, werden Sie feststellen, dass Ihr Pferd wenn überhaupt nur noch sehr eingeschränkt einigermaßen sicher ist.

Wenn ein gut gerittenes Dressurpferd wegen eines gelben Kegels in der Reithalle in unkontrollierbare Kopflosigkeit stürzt, empfehle ich, das Training neu zu überdenken. Bei allen Ausbildungen des Reitpferdes, ganz gleich zu welchem Zweck, ist die Überwindung des natürlichen Fluchtverhaltens ein wesentlicher Bestandteil, der mindestens ebenso wichtig ist wie eine bestimmte Lektion einer Reitweise.

Das reine Dressurreiten in einer Reithalle nach der klassischen Lehre scheint ohne jegliche optische Orientierung des Pferdes zu funktionieren. **Keine und doch eine: die Wand!** In der Vergangenheit gab es lange die Reithäuser in bestimmter Größe mit vier hohen Wänden. Moderne Entwicklungen sind die heutigen Reithallen mit einer festen Holzbande als Umgrenzung. Diese gewisse Geschlossenheit hat beim Dressurreiten schon ihren Sinn: Das Dressurpferd in der Entwicklung kann sich zunächst immer mit dem rechten oder linken Auge an einer Wand orientieren, bevor es stabile Sicherheit auch im freien Raum ohne optische Hilfen gewinnt. Das kennt jeder Reiter, der sich manches Mal verzweifelt vom Hufschlag entlang der Bande lösen möchte und dessen Pferd doch immer wieder die optische Anlehnung sucht.

Deutlich wird das Sichtprinzip von alters her in den Bezeichnungen für die Lektionen in den Seitengängen: In den Begriffen Schulterherein, Travers, Konterschulterherein, Renvers und Traversale finden sich auf den ersten Blick fünf verschiedene Lektionen. Doch die reinen körperlichen Aktionen des Pferdes sind allenfalls zwei verschiedene!

Die anderen Namen für die Seitengänge ergeben sich ausschließlich daraus, **wo** in der Reitbahn die Lektion verlangt wird und mit **welcher optischen Orientierung** an einer Wand. So reiten wir zum Beispiel entlang einer Wand Travers. Die identische Übung diagonal durch die Bahn nennt sich aber Traversale. Und wenn wir die absolut gleiche Aktion des Pferdes an einer anderen Stelle in der Bahn probieren, üben wir plötzlich Renvers.

Vom Pferdeauge aus gesehen haben wir es dann aber sicher mit mehreren Seitengängen zu tun, denn die optische Orientierung an der Wand ändert die Balance und die Koordination des Körpers!
Ein optimaler Reiter mit professioneller Routine und sicherem Einfühlungsvermögen kann an Gleichgewicht, Koordination der Beine und an geschmeidiger Biegung des Pferdes in den Seitengängen viel entwickeln und verbessern. Für den »Otto Normalreiter« ist es wesentlich ratsamer, alle nötigen Puzzleteile vorher Schritt für Schritt auf unkomplizierte Art aufzubauen. Und dazu können auch die Übungen der Dual-Aktivierung eine gute Ergänzung sein.

4. Dressurausbildung entlang der Hufschlagfiguren

Jeder kennt sie, viele reiten sie und mancher findet keinen Draht zu ihnen: Das Training in vielen vorgegebenen Wegen in der Bahn – **die Hufschlagfiguren.**
Kaum ein Reiter findet so richtig motivierenden Spaß in diesen Aufgaben. Oft sind sie in der Erinnerung monotone Anweisungen eines autoritären Reitlehrers mit militärischem Unterrichtsaufbau. Und es prägt, dass die Figuren meistens nie so geklappt haben, wie sie verlangt wurden. Turnierreiter nehmen Zirkel und Volten etc. als notwendiges Übel, weil sie in jeder Dressurprüfung eben vorkommen. Meistens übt man lieber an den interessanteren Dressurlektionen. **Und doch lassen sich in den verschiedenen Figuren spannende Hintergründe entdecken!**

4.1 Die Hufschlagfiguren als Leitfaden zur Ausbildung

Das ganze System der Hufschlagfiguren ist im Grunde eine **»kleine Skala der Ausbildung«**. Wenn man sich alle Figuren sortiert, kann man einen logischen Aufbau von einfach bis schwer erkennen. Und dieses Prinzip gilt nicht für den Reiter, sondern für das Pferd, von dem immer mehr und geschicktere Aktionen verlangt werden in Balance,

Koordination der Hinterbeine und der Vorhand, Körpergeschmeidigkeit und Athletik. Wenn diese Verbesserungen eingetreten sind, merken Sie das sofort, weil eine bestimmte Figur dann endlich klappt.
Übrigens liegt der Knackpunkt nicht in einzelnen, vielleicht schwierigen Figuren, sondern meist nur darin, dass ohne Aufbaugedanken wahllos Hufschlagfiguren probiert werden.

Das Training in und mit Hufschlagfiguren gelingt sicher, wenn Sie

- **passende Figuren gezielt auswählen.**
- **wissen, was Ihr Pferd dabei lernen sollte.**
- **weitere Figuren systematisch darauf aufbauen.**

Last but not least:
Alle Figuren kümmern sich auch um die optische Anlehnung Ihres Pferds zur Wand/Bande. Sie können mit ihrer Hilfe die Unabhängigkeit von der Wand Schritt für Schritt erarbeiten, bis Ihr Pferd sich gradlinig und ausbalanciert im freien Raum an Ihren Hilfen orientieren kann.

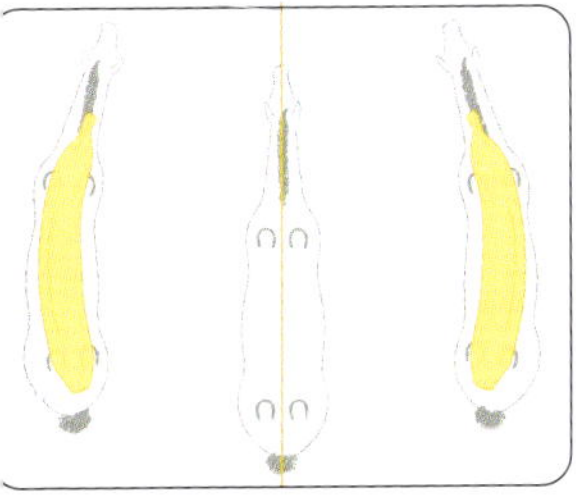

4.2 Hufschlagfiguren zum Geraderichten der Körperschiefe des Pferdes

Ausgehend von der klassischen Leitlinie »Reite dein Pferd vorwärts und richte es gerade« hat jeder Reiter für ein verantwortungsbewusstes Reiten stets **zwei Trainingswege** für sein Pferd im Auge zu behalten. Einer davon ist die Arbeit an der **natürlichen Körperschiefe** unseres Reitpferdes. Diese ist leider nicht so deutlich sichtbar wie bei den vergleichenden »Bananen« auf der Abbildung.

Aus Erfahrungen der täglichen Praxis ist sehr oft auch eine **künstliche Schiefe** zu beachten. Das sind schiefe Fehlhaltungen, in die ein Reitpferd durch viele Faktoren kommen kann, zum Beispiel Schonhaltung nach Verletzungspausen, Blockaden in der Beweglichkeit, ungünstiger Sattel oder ein schief sitzender Reiter.
Ob natürlich oder erworben – Fehlhaltungen des Pferdes belasten extrem die harmonische Gesamtsituation und führen meist längerfristig zu Überlastungsschäden oder bleibenden Schwachpunkten.

Ein wichtiger Blickpunkt für das tägliche Reiten ist also das »Bananen-Training«. Und wenn wir uns dafür eine Anleitung wünschen, dann können auch dabei die Hufschlagfiguren gute Dienste leisten!
Von unserem Reitpferd verlangen wir im Schiefentraining im Grunde, dass es sowohl rechts als auch links alles gleich gut kann. Während wir Menschen, wenn wir zum Beispiel als Rechtshänder geboren werden, dabei bleiben, die bessere Hand immer weiter in vielen Handgriffen zu fördern und die andere Hand »links liegen zu lassen«. Das Reitpferd aber soll eine beidseitige Händigkeit bekommen und auch mit links schreiben können! Um diese beiderseitige Geschicklichkeit kümmern sich die Hufschlagfiguren. Gezielt angewendet führen sie das Pferd

- **von einfachen Abwendungen nach rechts und links** (zum Beispiel »durch die ganze Bahn wechseln«)
- **zu längeren und deutlicheren Wendungen** (Ecken ausreiten)
- **bis hin zu ersten Biegewegen** (Kehrtvolten)
- **die sich dann zu konstanter Stellung und Biegung steigern** (Zirkel, Volten).

Der Clou sind dann noch viele **Wechselfiguren**, in denen das Pferd schnell von rechts auf links umschalten soll.
Leider fehlen diesem genialen Bauplan oft die praktischen Grundlagen und das »Gewusst wie«. Die einzelnen Karten möchten Ihnen behilflich sein, genau diese Lücke zu schließen!

4.3 Figuren für den Weg vom Vorwärts zur Versammlung

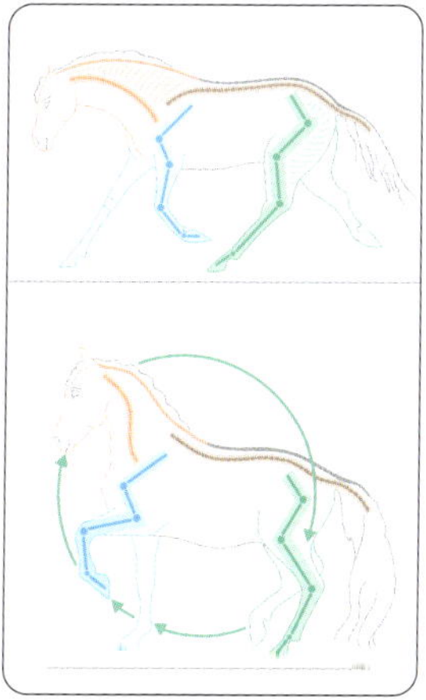

Sinngemäß möchte ich Ihnen ein geniales Zitat an die Hand geben, dessen Urheber ich leider nicht mehr weiß, obwohl er das verdient hätte: **»Wer zum Versammeln seines Pferdes sofort auf beide Hinterbeine gleichzeitig abzielt, für den haben historische Reitmeister umsonst gelebt.«**
Diese Weisheit füllt sich mit Leben, wenn wir die Hufschlagfiguren genau betrachten. Schon in den einfachsten Figuren beginnt die gezielte **Schulung des inneren Hinterbeines** unseres Pferdes. Dieses Grundprinzip zum betonten Fleiß und Raumgriff in den Wendungen steigert sich zur Lastaufnahme – je kleiner der gerittene Kreis, desto mehr wird das Untertreten und das Tragen auf diesem Hinterbein verlangt.
Genial in den Figuren und in kombinierter Abfolge mehrerer Wege: Im Wechselspiel zu den Kurven wird auf den Geradeaus-Strecken immer wieder die Schubkraft aus der Hinterhand erneuert. Das korrekte Reiten der Figuren verhindert dadurch das schleppende/»absterbende« Hinterbein und erhält uns den nötigen Schwung im Training zur Versammlung. Gleichmäßig auf beiden Seiten trainiert führen uns dann zwei einzeln aufgebaute Hinterbeine zum versammlungsbereiten Pferd!

4.4 Lernhilfe zur Koordination der reiterlichen Einwirkung

Viele theoretischen Betrachtungen zu dem Thema, wie das Pferd lernt, nützen in der Regel wenig, wenn es für den Reiter keine praktischen Ansätze zur Verbesserung der helfenden Einwirkung gibt. Übungen wie

Dual-Aktivierung und klassische Dressur

Hufschlagfiguren und Wege in der Dual-Aktivierung bringen das Pferd stets schon ein gutes Stück weiter, wenn der Reiter es nicht wesentlich dabei stört. Aber auch schon dieser »Minusbereich« der Hilfengebung ist viele Betrachtungen wert! Zum Beispiel wird sich das Pferd mit Verbesserungen seiner eigenen Balance schwer tun, wenn es zusätzlich einen unausbalancierten Reiter ausgleichen muss.
Perfektioniert werden sicher alle Ergebnisse zu Gunsten Ihres Pferdes, wenn Sie darüber hinaus noch konkret helfen können, um beispielsweise die aktive Hinterhand anzuregen. Hier zeigt die Praxis: Der gute Wille ist immer da, aber es braucht umsetzbare Bausteine zur Korrektur

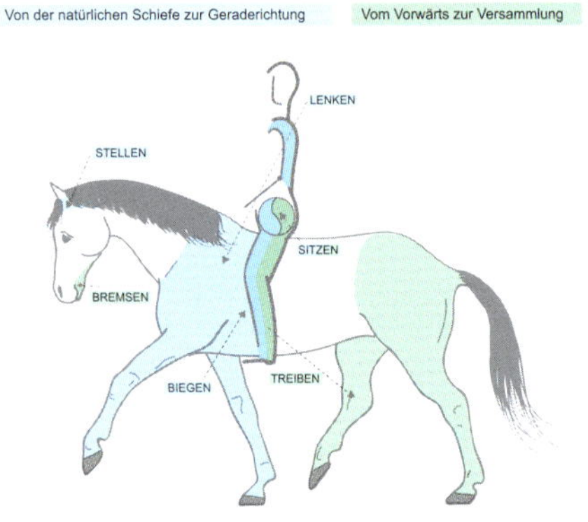

Die Reiterskala

Sitzen
Treiben
Lenken
Stellen
Biegen
Bremsen

oder zur Verbesserung – und dies in möglichst konkreten Vorschlägen. Die Reiterskala greift die bekannte Hilfengebung auf und sortiert diese zum begreifbaren Lernen in sechs Bausteine:

- Ausbalanciert sitzen
- Effektiv treiben
- Gymnastizierend lenken
- Präzise stellen
- Gezielt biegen
- Treffsicher bremsen

In diesen großen Bausteinen können Sie sich Schritt für Schritt alle dazugehörigen Details aneignen. Erst wenn der eine sitzt, baut der nächste darauf auf.

Dieser **Leitfaden für den Reiter** basiert auf allen natürlichen Grundreaktionen des Pferdes auf Sitzveränderungen, bestimmte Schenkelimpulse und verschiedene Zügelsignale. So sind Sie schnell erfolgreich, weil Ihnen Ihr Pferd mit Leichtigkeit entgegenkommt und bei Ihren Hilfen nicht um die Ecke denken muss.

Auch entlang der Hufschlagfiguren kann Ihnen die Reiterskala eine große Hilfe zum Aufbau der eigenen Koordination sein. Bei den einfachen Figuren brauchen Sie auch nur gezielte und überschaubare Hilfen. Das Grundprinzip beginnt bei der Kombination: »Innerer Schenkel treibt das Hinterbein – äußerer Zügel wendet die Pferdeschulter.« Daraus entwickeln sich dann stellende und biegende Hilfen hin zu den gebogenen Linien. Können Sie die Basis-Kombinationen, sind auch die weiteren Hilfen erfahrungsgemäß leicht zu erlernen. **Schwierig ist nur, alles auf einmal irgendwie zu versuchen! Damit können Sie Ihrem Pferd nicht helfen.**

Auf den ersten 15 Karten finden Sie leicht umsetzbare Tipps aus der Reiterskala, sortiert von einfach bis schwieriger. Ausführliche und detaillierte Erklärungen aller Zusammenhänge finden Sie im Buch »Bausteine Dressurreiten – Trainingswege Schritt für Schritt«.

4.5 Hufschlagfiguren und Dual-Aktivierung

Wenn nun das Reiten der Hufschlagfiguren und die Dual-Aktivierung hervorragende Lernhilfen für Pferd und Reiter sind, was liegt dann näher, als beide zu einem neuen Aufgabengebiet zu vereinen?

Schon allein der Aufbau der Materialien macht die Linienführung einer Figur wesentlich klarer. Bei der richtigen Platzierung der Bahnen und Kegel, wie Sie das auf den Karten als Vorschlag finden, werden Sie merken, dass die Wege nur in bestimmter Weise die Punkte treffen. Sie können damit viele Fehlversuche unter dem Sattel wegen eines »Knicks in der Optik« ausschließen. Die blauen und gelben Wegweiser helfen Ihnen, die angestrebten Wege präziser und müheloser zu treffen. Und wenn Sie einmal mit den Hilfen etwas daneben liegen, kann Ihnen Ihr Pferd helfen, weil es die Aufgabe selber sieht.

Zusätzlich verlangen die ausgelegten Wege, **dass Ihr Pferd die eigene und richtige Lösung findet** im Hinterbein, in der Verlagerung des Gleichgewichts und in der Koordination der Vorhand. Diese selbst erworbene Geschmeidigkeit hilft Ihnen bei den aufbauenden Figuren.
Es ist verständlich, dass der ambitionierte Dressurreiter eventuell nicht auf den ersten Blick nach alternativen Trainingsmethoden sucht, die ja in Sinn und Zweck auch erklärungsbedürftig sind. Ebenso findet der Freizeitreiter mit seiner Philosophie seine Ideen zur Gymnastizierung seines Pferdes nicht unbedingt in »verstaubten Dressurlektionen« der klassischen Lehre. Doch letztlich laufen alle brauchbaren Trainingsideen auf demselben Weg zum gleichen Ziel: **die harmonische Zusammenarbeit mit unserem Pferd, das sinnvoll zum rittigen und willigen Reitpartner ausgebildet wird.**

Reiten macht Spaß – haben Sie Freude mit Ihrem Pferd!